mandelbaum *verlag*

Renata Schmidtkunz
Im Gespräch

Christina von Braun

mandelbaum *verlag*

www.mandelbaum.at

ISBN 978-3-85476-304-8
© Mandelbaum Verlag Wien 2009
Alle Rechte vorbehalten
1. Auflage 2009

In Zusammenarbeit
mit

Lektorat: ERHARD WALDNER
Transkription: LJUBA ARNAUTOVIC
Satz und Umschlaggestaltung: MICHAEL BAICULESCU
Titelbild: B. HEINZ
Druck: INTERPRESS, BUDAPEST

Vorwort

Christina von Braun ist eine der bedeutendsten Kulturtheoretikerinnen Deutschlands, seit 1994 Professorin für Kulturwissenschaften an der Humboldt-Universität zu Berlin. Und Christina von Braun ist Filmemacherin: Seit 1972 sind über 50 Dokumentarfilme, Fernsehspiele und Filmessays zu kulturgeschichtlichen Themen entstanden, zuletzt im Jahr 2002 die Dokumentation »Schönheit – verzweifelt gesucht. Zur Geschichte der Schönheit«.
Christina von Braun ist auch Autorin: Ihr Themenbogen reicht von Vorurteils- und Antisemitismusforschung bis hin zu einer kulturwissenschaftlichen und feministischen Auseinandersetzung mit dem politischen islamischen Fundamentalismus. 2007 erschien ihr Buch »Verschleierte Wirklichkeit. Die Frau, der Islam und der Westen«, in dem sie gemeinsam mit Bettina Mathes Geschichte und Gegenwart der Stellung der Frau im Islam, u.a. auch das Kopftuch, untersucht.
Christina von Braun ist aber ebenso eine engagierte Bürgerin ihrer Heimat Deutschland, auch wenn sie viele Jahre ihres Lebens in den USA und Frankreich verbracht hat: Sie ist Vizepräsidentin

des Präsidiums des Goethe-Instituts, Gründungsmitglied und Vorstandsmitglied der Grünen Akademie in der Heinrich Böll-Stiftung und Mitglied im Präsidium des Evangelischen Kirchentages.
Von 2005 bis 2007 war sie Leiterin des »Zentrums für Transdisziplinäre Geschlechterstudien« der Humboldt-Universität und Gründungsmitglied des Studiengangs »Gender Studies«, ebenfalls an der Humboldt-Universität zu Berlin, den sie 1996-2002 auch leitete.
Christina von Braun stammt aus einer Familie preußischer Gutsbesitzer, die ein Stück deutsch-deutscher Geschichte geschrieben hat. Geboren wurde sie 1944 in Rom. Ihr Vater, Sigismund Freiherr von Braun, war zu jener Zeit Mitarbeiter der Botschaft des Deutschen Reiches im Vatikan.
Sein Vater, Magnus Freiherr von Braun, war Verwaltungsjurist und Politiker, Mitglied der rechtskonservativen »Deutschnationalen Volkspartei«. Bereits während der Weimarer Republik bekleidete er hohe Verwaltungsämter. In den Jahren 1932/33 war er in den Kabinetten der letzten beiden Regierungen vor dem Wahlsieg der Nationalsozialisten Reichsminister für Ernährung und Landwirtschaft.
Der zweite Sohn des Magnus Freiherr von Braun war Wernher Freiherr von Braun. Als technischer

Direktor der Heeresversuchsanstalt Peenemünde auf der Insel Usedom wurde er, der mit 26 Jahren der NSDAP beitrat, Begründer des deutschen Raketenprogramms. Die von ihm entwickelten V2-Raketen wurden von Häftlingen des KZ Dora-Mittelbau hergestellt und kamen bei den Bombardierungen von London und Antwerpen zum Einsatz. 1946 wurde Wernher von Braun gemeinsam mit anderen deutschen Raketenforschern im Rahmen der »Operation Overcast« in die USA gebracht. Als Direktor des »Marshall Space Flight Center« in Alabama und späterer Direktor der NASA war er maßgeblich an den erfolgreichen Mercury-, Gemini- und Apollo-Programmen beteiligt. Der Höhepunkt seiner Karriere war die bemannte Mondlandung im Jahr 1969. Wegen seiner NSDAP-Mitgliedschaft und seiner wissenschaftlichen Arbeit für das NS-Regime wurde von Braun heftig kritisiert.

Das ist die eine Seite der Familie, aus der Christina von Braun stammt. Die mütterliche Seite ist zwar weniger bekannt, war aber um nichts weniger prägend für sie. Ihre Großmutter, Hildegard Margis, war jüdisch und stand in enger Verbindung mit Widerstandsgruppen der KPD. 1944 wurde sie festgenommen und starb in Gestapohaft. Über all das verlor von Brauns Mutter nie

ein Wort. Mit über 40 Jahren recherchierte Christina von Braun die Geschichte ihrer Großmutter und entdeckte dabei, dass nach dem jüdischen Religionsgesetz auch sie Jüdin ist.
Die Geschichte der Frauen ihrer Familie schrieb sie 2007 in dem Buch »Stille Post. Eine andere Familiengeschichte« auf. Eine Geschichte, die von starken Frauen in einer von Männern geprägten Welt erzählt, von Frauen, die sich erst ihrer eigenen Kraft bewusst werden mussten. Und das gilt auch für Christina von Braun selbst. Ein schüchternes Mädchen aus »gutem Haus« sei sie gewesen, sagt sie, die erst lernen musste, sich das öffentliche Wort zu nehmen.
Heute reist sie als Universitätsprofessorin und Vortragende durch ganz Europa, hält Gastprofessuren an renommierten europäischen und US-amerikanischen Universitäten und ist eine gefragte Autorin.
Am 12. November 2008 feierten Frauen in Österreich und Deutschland 90 Jahre Frauenwahlrecht. Ein Recht, das sie sich hart erkämpfen mussten. Aus diesem Anlass war Christina von Braun, die man auch eine Universalgelehrte nennen kann, bei mir zu Gast in der Sendereihe »Im Gespräch« im Österreichischen Rundfunk (Ö1). Das abgedruckte Gespräch ist eine Niederschrift dieser Be-

gegnung. Geht es im ersten Teil des Gespräches um die Geschichte der Frauenrechte und des Feminismus, so konzentriert sich der zweite Teil auf die Familiengeschichte Christina von Brauns, die die Widersprüchlichkeiten deutscher Geschichte des 20. Jahrhunderts widerspiegelt.

Im Gespräch

Renata Schmidtkunz:
Frau von Braun, im November 1918 haben Frauen in Deutschland und in Österreich das aktive und das passive Wahlrecht bekommen. Und zwar von Männern, die dem eigenen Gewissen und dem Druck der Frauen, die dafür sehr lange gekämpft haben, nicht länger standhalten konnten – oder wollten. Was ist Ihnen persönlich am Wahlrecht so viel wert?

Christina von Braun:
Also zunächst einmal bin ich gar nicht sicher, dass die Männer nur auf Druck der Frauen diesen das Wahlrecht zugestanden haben, sondern es war so, dass sowohl die rechten politischen Parteien als auch die linken auf diese Frauenstimmen spekuliert haben.
Denn das politische Potenzial, das plötzlich mit den Frauen ins politische Feld eintrat, war ja sehr groß. Die SPD und die KPD in Deutschland haben damit spekuliert. Andererseits haben aber auch die nationalen und bürgerlichen Parteien gehofft, dass die Frauen konservativ wählen wür-

den, und viele Frauen haben es am Anfang ja auch getan. Ganz allmählich entwickelte sich dann in Deutschland der Trend, dass die Frauen eher links gewählt haben und nicht die konservativen, nationalen Parteien.

Was mir selber am Wahlrecht so wichtig ist, ist natürlich die Mündigkeit. Die Tatsache, selber beteiligt zu sein am politischen Geschehen – egal, ob man sich einbringt ins politische Geschehen und sich wählen lässt oder ob man wenigstens mit seiner Stimme ein Wahlrecht und eine Entscheidungsmöglichkeit wahrnimmt. Und das ist – kann man, glaube ich, allgemein sagen – das Grundlegende am aktiven und passiven Wahlrecht. Hinzu kommt natürlich auch noch: Wir feiern ja in diesem Jahr[1] hundert Jahre Zugang von Frauen zum akademischen Studium, zu höherer Ausbildung (jedenfalls in Deutschland, Preußen war die letzte Universität, die sich für Frauen geöffnet hat), und ich glaube, man kann das eine vom anderen nicht ganz getrennt sehen: also einerseits den Zugang zu höherer Bildung und damit auch zu akademischen Berufen – und auf der anderen Seite eben diese Mündigkeit gegenüber der Politik.

---

1 2008; in Preußen wurde das Frauenstudium erst ab dem Jahr 1908 allgemein erlaubt.

R.S.
Sie haben die Sozialdemokraten und die Kommunisten erwähnt. Es waren ja gerade die ungebildeten Frauen, also die Arbeiterinnen, die Proletarierinnen, die auf der Straße mit sehr massiven Methoden ihr Recht eingefordert haben, während die bürgerlichen, gebildeteren Frauen eher auf Dialog, auf Verständnis, auf Einvernehmen gesetzt haben. Man könnte also sagen: Politisches Bewusstsein von Frauen hängt nicht immer nur von ihrem Bildungsgrad ab.

Ch.v.B.
Das ist vollkommen richtig. Aber in England waren es vor allem die bürgerlichen Frauen, die Suffragetten[2], die mit körperlichem Einsatz fast einen Krieg, einen Bürgerkrieg, um das Frauenwahlrecht führten. Die bürgerlichen Frauen in Deutschland und in Österreich gingen davon aus, dass das Wahlrecht früher oder später schon von alleine kommen würde. In Deutschland kam hinzu, dass das Kaiserreich, die Monarchie, zusammenbrach und die bürgerlichen Frauen Angst hatten – auch Angst vor diesem Zusammenbruch al-

---

2 Suffragetten – kommt von dem englischen Wort »suffrage« = Wahlrecht.

ter Strukturen, unter denen sie privilegiert waren. Kann sein, dass sich deshalb die Arbeiterfrauen viel stärker für ihre politische Mündigkeit engagiert haben. Außerdem sind natürlich die Arbeiterbewegungen sehr stark engagiert gewesen in der Arbeiterbildung und in der Art, wie Arbeiter ihrerseits mündig geworden sind. Also zumindest die deutsche Arbeiterbewegung war sehr engagiert auf diesem Gebiet, sodass man vielleicht sagen kann, dass die Arbeiterbewegung selbst schon eine Art von Bildung betrieben hat.

R.S.
Ein ganz interessanter Aspekt in dieser Geschichte des Kampfes um das Frauenwahlrecht ist die überproportionale Beteiligung von jüdischen Frauen an diesem Kampf, und zwar sowohl in Deutschland als auch in Österreich.

Ch.v.B.
Absolut. Und das gilt übrigens auch beim Kampf um Bildung. Jüdinnen waren überproportional zu ihrem Anteil an der Bevölkerung an diesen Kämpfen um Bildung und um das politische Wahlrecht beteiligt. Und da kann man sich fragen: Warum? Bezüglich der Bildung hing es damit zusammen, dass Bildung in jüdischen Fami-

lien an sich hoch bewertet wurde, Frauen aber nicht den Zugang zu Universitäten hatten wie ihre Brüder. Und als dann schulische und universitäre Bildung endlich auch eine Möglichkeit wurde für Jüdinnen, wurde das für sie einfach ein wichtiges Kampfthema.

Noch ein anderes Phänomen ist sehr interessant dabei: In Russland und in Osteuropa generell waren die jüdischen Gemeinden relativ abgeschlossen und Bildung hieß für sie eigentlich religiöse Bildung für die Söhne. Als dann die Schulen und die akademische Ausbildung für Frauen geöffnet wurden, sind Jüdinnen in diese säkularen Schulen gegangen und das hat dazu geführt, dass viel säkulares Gedankengut wiederum in die jüdischen Ghettos, in die jüdischen Familien zurückgetragen wurde, was dann auch Teil des zionistischen Gedankenguts wurde. In den politischen Bewegungen waren Jüdinnen sehr stark engagiert, weil Jüdinnen traditionellerweise nicht aus dem Leben der Gemeinschaft ausgeschlossen waren. Sie waren sehr oft die Geldverdienerinnen, sie gingen auf die Straße, verhandelten auf den Märkten – auch als Verkäuferinnen, nicht nur als Käuferinnen. Sie waren ganz engagiert im Wirtschaftsleben der jüdischen Gemeinden, sodass es ihnen vollkommen vertraut war, in die Öffentlichkeit zu gehen und sich im öffentlichen Raum zu artikulieren. Und deshalb fiel es ihnen nicht schwer, in die politischen Parteien, in die Gewerkschaften hineinzugehen – das waren Traditionen, die sie schon von ihren Großmüttern und Müttern und anderen mitbekommen hatten.

R.S.
Das heißt, die jüdischen Frauen mussten nicht darum kämpfen, gesehen und gehört zu werden, weil sie es aus ihren eigenen Gemeinschaften kannten, dass sie gesehen und gehört wurden. Wohingegen die »christlichen Frauen«, auch die Sozialdemokratinnen, die zumindest aus einem christlichen Kulturkontext kamen, sich erst einmal das Wort nehmen mussten, sich daran gewöhnen mussten.

Ch.v.B.
Genau, sie mussten lernen, sich das Wort zu nehmen. Wobei man sagen muss: Bis etwa 1800 waren Frauen durchaus präsent, also zumindest die Frauen der niederen Schichten. Dieses bürgerliche Ideal einer Frau, die sich nur im Haus bewegt oder sich unter dem Schutz eines Mannes auf der Straße bewegt, das ist 19. Jahrhundert. Das war relativ jung in der europäischen Gesellschaft, hat-

te aber einen ganz tiefen Zugriff auf die Art, wie Frauen sich nicht im öffentlichen Raum bewegten, bewegen konnten, und sich deshalb auch nicht öffentlich artikulieren konnten. Das ist etwas, das wirklich noch lange bis nach 1945 gewirkt hat. Ich weiß selbst, was ich als junge Studentin für Schwierigkeiten hatte, mich im Seminar hinzustellen und ein Referat zu halten – ich habe fast geflüstert, zur Frustration der anderen im Seminar. Dieses Auftreten im öffentlichen Raum ist etwas, das den Frauen nicht mitgegeben wurde, sondern das sie sich im 20. Jahrhundert allmählich aneignen und für sich erobern mussten.

R.S.
Interessant ist die Geschichte, die dem Erlangen dieses Bürgerinnenrechts – oder auch Menschenrechtes der Frauen – vorausging. Ich erwähne jetzt nur ein paar Eckdaten. Zum Beispiel: 1791 formulierte in der Folge der Französischen Revolution die Schriftstellerin Olympe de Gouges die »Erklärung der Rechte der Frau und Bürgerin«, die »Déclaration des droits de la femme et de la citoyenne«. Das Revolutionsjahr 1789 hatte zwar Rechte für Männer, aber nicht für Frauen gebracht. De Gouges wurde für ihr Engagement für

die Rechte der Frauen 1793 auf dem Pariser Place de la Concorde enthauptet.
Das erste nachhaltige Wahlrecht trat 1838 in Kraft. Und zwar – und das finde ich sehr interessant – in der britischen Kronkolonie Pitcairn, einer Insel im Südpazifik. Dann folgten ein paar andere britische Kolonien in kurzem Abstand. Wohingegen die Frauen in Großbritannien selbst bis 1918 beziehungsweise bis 1928 – da erst bekamen sie nämlich die vollen Rechte – warten mussten. Wie lässt sich erklären, dass Frauen in entlegenen Kolonien das Wahlrecht bekamen, wohingegen es ihnen im Mutterland vorenthalten wurde?

Ch.v.B.
Es gibt ein sehr interessantes Beispiel. Evelyn Baring, erster Earl of Cromer, war von 1883 bis 1907 der britische Generalgouverneur in Ägypten. Und dieser Lord Cromer kämpfte dafür, dass die Frauen in Ägypten emanzipiert wurden.

R.S.
Die britischen Frauen oder die ägyptischen?

Ch.v.B.
Die ägyptischen Frauen! In England hingegen war Lord Cromer der Mitbegründer der »Men's

League against the Suffrage of Women«, also der »Männerliga gegen das Frauenstimmrecht«. Da sieht man schon die ganze Komplexität oder die Paradoxie. Das heißt: Was die Kolonialherren – und übrigens auch die Jesuiten – gerne taten, war, in einer Kolonie die Sozialstruktur zu verändern, indem sie die Frauen emanzipierten. So konnten sie bestehende gesellschaftliche Strukturen unterwandern und zerstören. Denn ein Land lässt sich leichter regieren, wenn die Sozialstrukturen destabilisiert werden.

Die Jesuiten haben in Korea die erste Frauenuniversität gegründet, das war schon vor 1900. Lange bevor hier in Europa Universitäten ihre Tore für Frauen öffneten, führten die Jesuiten – oder die christliche Kirche, die die ganze Frauenpolitik mitbestimmt hat – schon in anderen Ländern durchaus Destabilisierung herbei, indem sie für die »Frauenemanzipation« kämpften. Nur so lässt es sich erklären, dass man in den entfernten Kolonien für Frauenrechte kämpfte, gleichzeitig aber in den eigenen europäischen Staaten die Frauen schön unterm Deckel hielt.

R.S.
Kommen wir zu 1918/19. In einigen europäischen Ländern – wie Österreich und Deutsch-

land, Estland, Georgien, Litauen, Lettland, Polen, der Sowjetunion – wurde im Jahr 1918 das aktive und passive Wahlrecht für die Frauen beschlossen. Finnland hatte es schon 1906 eingeführt, Dänemark 1915. In anderen Ländern wie Norwegen oder Irland gab es ein eingeschränktes Wahlrecht. Und in wieder anderen kam es überhaupt sehr spät: Spanien 1933, Frankreich 1944, Italien 1946, Belgien 1948, Schweiz mit Einschränkungen in manchen Kantonen (Appenzell Innerrhoden erst 1990) 1971, Portugal 1976. Warum kam das Frauenwahlrecht in Österreich und Deutschland bereits 1918?

Ch.v.B.
Also wenn es in Deutschland und Österreich 1918 kam, dann deshalb, weil diese Staaten zusammengebrochen waren. Die ganze Sozialstruktur stimmte nicht mehr und das war der Moment, in dem eine solche Veränderung überhaupt stattfinden konnte.
Frankreich hatte zwar ungeheuer gelitten unter dem Ersten Weltkrieg, hatte wahrscheinlich am meisten Verluste gehabt und war ausgeblutet. Aber es war sozusagen im Ego nicht zerstört. Während des Zweiten Weltkrieges, nachdem die Deutschen da so schnell einmarschiert waren, war das

etwas anders. Und diese Destabilisierung durch die Besatzung könnte man als Grund anführen, weshalb auch hier die Sozialstrukturen sich noch einmal verändert haben. In Spanien hatte das Franco-Regime dazu geführt, dass sich noch lange alte Strukturen erhielten, die sich dann erst später auflösten. Generell kann man sagen, dass das Frauenwahlrecht in jenem historischen Moment kam, wo in einem Land eine so tiefe Verletzung oder jedenfalls Destrukturierung der alten Traditionen stattfand, dass so etwas wie das Frauenwahlrecht sich durchsetzen konnte.

R.S.
Es ist interessant zu sehen, dass in der sogenannten »zweiten Frauenbewegung«, die nach dem Zweiten Weltkrieg einsetzte, gerade die französischen Frauen sehr aktiv waren. Man denke an Galionsfiguren wie Simone de Beauvoir, die mit Büchern wie »Das andere Geschlecht« immerhin die Standardwerke der feministischen Theoriebildung schrieb. Gleichzeitig hatten es die französischen Frauen bis 1944 akzeptiert, kein Wahlrecht zu haben. Das ist interessant.

Ch. v. B.
Auch heute sieht man, dass die französische feministische Bewegung ganz andere Wege nimmt als die deutsche, österreichische oder auch die amerikanische. Frauen waren in der Französischen Revolution sehr aktiv, wurden dann wieder aus dem politischen Spektrum verdrängt. Aber vermutlich hatten die Frauen in Frankreich doch einen größeren Status, größere Einflussmöglichkeiten außerhalb des Wahlrechts als in vielen anderen europäischen Ländern. Mag sein, dass das einer der Gründe ist, dass sich in Frankreich der Druck zum Frauenwahlrecht hin erst später entwickelt hat. Heute finde ich, dass die französische feministische Bewegung sehr eng einhergeht mit psychoanalytischen Fragestellungen, also der Frage nach dem Unbewussten, danach, was die unterliegenden, nicht so genau zu fassenden Faktoren sind, die die Geschlechterungleichheit herstellen. Also ich vermute, dass diese Art von Fragen einfach in Frankreich ein anderes Terrain gefunden haben als in den anderen europäischen Ländern.

R. S.
Was sagt uns das, Frau von Braun? Welcher Feminismus hat sozusagen mehr Wert? Jener, der sagt: »Es geht um den politischen Kampf, um poli-

tische Mitbestimmung und gleichen Lohn für gleiche Arbeit und so weiter?« Oder jener, der sagt: »Wir analysieren die menschlichen und strukturellen tieferen Gründe für diese Ungleichheit?«

Ch.v.B.
Diese beiden feministischen Zugänge müssen einander ergänzen. Und das tun sie ja auch in Frankreich. Es gibt dort viele Frauen in der Gewerkschaftsbewegung, in den politischen Bewegungen, die sich auch aktiv für die Geschlechtergleichstellung einsetzen. Aber wenn man sich nur um Lohnabschlüsse kümmert – und man sieht ja, dass sich die Ungleichheit, das Lohngefälle zwischen Männern und Frauen in den letzten zwanzig, dreißig Jahren so gut wie nicht verändert hat –, wenn man also nur das im Blick hat und nicht gleichzeitig die Frage: »Was ist es eigentlich, das eine Gesellschaft immer wieder bestärkt, diese Geschlechterungleichheit aufrechtzuerhalten?«, und man gleichzeitig nicht nach den unbewussten Mechanismen fragt, dann, glaube ich, wird sich nicht viel weiterbewegen. Das eine ist genauso wichtig wie das andere. Und das eine ist genauso politisch wie das andere.

R.S.
In den 1970er und 1980er Jahren hat die feministische Bewegung vielerlei Bestandsaufnahmen gemacht. Zum Beispiel mit der Frage, woher Ungleichheit kommt. Irgendwann erkannte man dann: Gut, diese Bestandsaufnahme ist jetzt gemacht. Aber trotzdem hat sich nichts daran geändert, dass Frauen für die gleiche Arbeit immer noch durchschnittlich dreißig Prozent weniger verdienen als Männer. Also ist man dazu übergegangen, sich hauptsächlich auf den Kampf um die fällige Gleichberechtigung und Gleichbehandlung auf dem Arbeitsmarkt, im Karrierebereich, im privaten Bereich zu konzentrieren. Dazu gehört dann zum Beispiel auch die Einbeziehung von Partnern in die Familienarbeit.

Ch.v.B.
Das hat ja auch viel gebracht. Das kann man ja wirklich sehen. Keiner hat gedacht, dass Väter eines Tages wirklich den Elternurlaub nehmen würden. Tatsächlich hat es alle überrascht, wie sehr das von Männern in Deutschland inzwischen wahrgenommen wird. Und tatsächlich haben Frauen auch sehr viel an Veränderung innerhalb ihrer Beziehungen, ihrer Partnerschaften erreicht. Und wie gesagt: Ich spreche überhaupt

nicht dagegen, diese Tarifkämpfe zu führen – im Gegenteil: Ich bin selber sehr engagiert bei den ganzen Gleichstellungsdebatten an meiner Universität. Ich engagiere mich permanent dafür, dass in allen Gremien auch genügend Frauen repräsentiert sind. Aber offenbar genügt das noch nicht. Es gibt auch die Notwendigkeit einer tiefergehenden Reflektion, die nie abgeschlossen sein kann. Was in den 1980er Jahren an Bestandsaufnahme stattfand, war: Aha, diese großen Frauen der Geschichte sind vergessen worden; es gab diese und diese Schriftstellerinnen, sie verschwanden aus dem Kanon; es gab diese historisch einflussreichen Frauen, wir müssen sie wieder ins Bewusstsein zurückholen.

R.S.
Auch die Widerstandskämpferinnen gegen das NS-Regime, zum Beispiel, wurden in den 1980er Jahren wiederentdeckt …

Ch.v.B.
… genau! Die Widerstandskämpferinnen und natürlich auch die großen engagierten Kommunistinnen, die ja wirklich nur durch den Dreck gezogen wurden in Deutschland, wie Rosa Luxemburg und andere, zu rehabilitieren in ihrem

Engagement, ihrem Mut und so weiter. Was in dieser Zeit weniger stattgefunden hat, ist tatsächlich die Reflektion über: Wie funktionieren wir auch selber in einem solchen System? Wo erwischen uns diese historischen Traditionen, die oft gar nicht mehr ihre religiöse und andere Herkunft offenbar machen, sondern als eine Selbstverständlichkeit wahrgenommen werden? Inwieweit spielen wir selber auch in diesen Mechanismen mit? Das scheint mir eher jetzt eine Frage zu sein, die aktueller geworden ist und in den 1980er Jahren noch nicht so mitgedacht wurde.
Ich selbst bin sehr engagiert, zusammen mit anderen, an meiner Universität. Wir fragen: Wie entsteht Wissenschaft? Wie werden gewisse Wissenschaftsfragen hineingetragen, während andere links liegengelassen oder sogar ausgeschlossen werden? Wir versuchen zu zeigen, wie stark die Geschlechterfrage hier hereinspielt, was Kanon wird und was nicht Kanon werden darf. Was überhaupt als Wissenschaftsfrage gestellt und was ausgeschlossen wird. Alleine die Metaphorik, mit der viele dieser Wissenschaftsfragen funktionieren, ist schon interessant.

R.S.
Können Sie da ein konkretes Beispiel geben?

Ch.v.B.
Überlegen Sie einmal, welche Wissenschaften in den letzten Jahrzehnten zu den Leitwissenschaften geworden sind. Das sind die Lebenswissenschaften. Was sind die Lebenswissenschaften? Die Lebenswissenschaften sind jene Wissenschaften, die mit der Entstehung der Genetik, der Eugenik im 19. Jahrhundert und dann mit der ganzen genwissenschaftlichen Forschung zusammenhängen. Das Grundphantasma, das hinter den Lebenswissenschaften – zu denen die Biologie, die Medizin, zum Teil auch die Philosophie und andere gehören – steht, ist, das Leben, die Fortpflanzung im Labor nach berechenbaren Maßstäben herstellen und nachvollziehen zu können. Wenn Sie wissen, dass heute in Amerika ein Prozent aller Kinder nur noch per In-vitro-Fertilisation geboren werden, dass die Eltern sich in Tabellen Samenspender oder Eizellenspenderinnen aussuchen, dann wissen Sie, dass das auch schon weit über die wissenschaftliche Forschung hinausgeht, dass wir auf eine planbare, berechenbare Fortpflanzung hinarbeiten, die die Unberechenbarkeiten der traditionellen Fortpflanzung durch Sexualität ausschließt oder einzudämmen versucht. Die ganzen Gelder fließen im Moment in diese Lebenswissenschaften. Wenn Kritik geübt wird, dann kommt sie

sehr, sehr oft aus der Ecke der Geschlechterforschung, die genau sagt, worauf wir zusteuern: auf die Berechenbarkeit des Lebensbegriffs überhaupt. Und da werden alle Skeptiker – und da ist ein sehr hoher Anteil von Frauen dabei – von der Art, diese Skepsis wissenschaftlich zu erforschen, ausgeschlossen. Wohingegen die, die die Lebenswissenschaften im Sinn einer berechenbaren Fortpflanzung vorantreiben, ungeheuer viele Mittel zur Verfügung gestellt bekommen. Es geht um die Kontrollierbarkeit der Natur und natürlich gehört dazu auch die Kontrolle des weiblichen Körpers. Aber in dem Moment, in dem ich befruchtete Eizellen einfrieren kann, ist die Kontrolle der weiblichen Sexualität ziemlich unwichtig geworden. Und Sie können ja auch sehen: Die europäischen Staaten sind die, die auf einmalige Weise alle Sexualgesetze gelockert haben, die wir noch bis ins 19. Jahrhundert hinein kennen: die Homosexualität, die Sexualität zwischen nicht verheirateten Paaren und so weiter. Das hat es historisch noch nie gegeben, weder im europäischen Raum noch in irgendeiner anderen Kultur, diese absolute Liberalität von sexuellen Beziehungen, und das einzige Tabu, das es heute noch gibt, ist Sexualität mit Kindern, mit Abhängigen. Ansonsten gibt es kein Gesetz mehr, das tatsächlich reguliert, wer mit wem sich wie paart. Das können Sie nur damit erklären, dass die Fortpflanzung sich derartig abgelöst hat von der Sexualität und den Unberechenbarkeiten der Sexualität – und eigentlich schon längst im Labor gelandet ist.

R.S.
Ich möchte jetzt noch einmal zurückkommen auf das Frauenwahlrecht und den Kampf darum. Frauen waren im 18., 19. und bis hinein ins 20. Jahrhundert mit seltsamen Argumenten gegen das von ihnen angestrebte Wahlrecht konfrontiert. Zumeist wurden die Argumente biologisch begründet. Zum Beispiel: Frauen können auf Grund ihres Körperbaus keine Verantwortung übernehmen, haben kleinere Gehirne als Männer, können nicht logisch denken und werden in erster Linie von ihrem Sexualtrieb gesteuert. Mit welcher Art von Argumenten sind Frauen denn heute – obwohl sie das Wahlrecht haben – konfrontiert, wenn es um ihre adäquate Repräsentanz auf allen gesellschaftlichen Ebenen geht?

Ch.v.B.
Es ist wirklich interessant zu sehen, wie Politiker oder auch Wirtschaftsmanager bei einzelnen Frauen durchaus deren Kompetenz sehen – aber gene-

rell, wenn sie von Frauen sprechen, dann deren Inkompetenz hervorheben. Sie können sich nicht vorstellen, wie oft ich das an der Universität erlebe, dass – sagen wir einmal – die Vizepräsidentenstelle oder Präsidentenstelle mit einer Frau besetzt werden soll und es dann heißt: »Aber es gibt ja niemanden! Wir haben geschaut, aber es gibt ja keine kompetente Frau für diese Leitungsfunktion.« Und dann, wenn man eine Latte von Namen aufruft, sagt man: »Ah ja, durchaus kompetente Frau. Und ja, durchaus kompetente Frau!« Es besteht also ein absoluter Widerspruch zwischen dem, wie eine einzelne Frau eingeschätzt wird, die dann ihren Weg gemacht hat, und der Art, wie Frauen generell eingeschätzt werden. In der Wissenschaft ist es so, dass eigentlich die Wissenschaft das Gefühl hat, es gibt eine Verunreinigung – das ist wirklich interessant –, eine Verunreinigung des Fachs, wenn zu viele Frauen in dem Fach sind. Eine Verunreinigung, wenn diese Geschlechterfrage eine wichtige Rolle spielt. Mit Begriffen wie Reinheit und Unreinheit kommt man viel stärker an das heran, was wir heute in Wissenschaft, Politik und Wirtschaft erleben. Etwas ist seriös, ernsthaft, potent, wenn nicht zu viele Frauen dabei sind. In dem Moment, wo zu viele Frauen dabei sind, kann es eigentlich nicht mehr so gut und so funktionsfähig sein. Aber warum? In dem Moment, wo Sie anfangen, diese Mechanismen zu erklären – aus historischen Gegebenheiten, aus Traditionen, die historisch allmählich gewachsen sind und deren Herkunft niemand mehr wissen will –, stoßen Sie auf Granit. Das will niemand mehr hören.

R.S.
Die Frauen haben ja in Verbindung mit der Forderung nach dem Wahlrecht auch viele andere Forderungen gestellt und die sind ja in vielerlei Hinsicht auch heute noch aktuell, man würde es kaum glauben. Zum Beispiel: Gleicher Lohn für gleiche Arbeit. Mitbestimmung über gesellschaftliche Entscheidungen. Gerechte Verteilung von Besitz und Geld – nicht unwesentlich! Repräsentanz von Frauen in politischen Gremien. Überwindung von Biologismen über das »Wesen« der Frau, woraus sich dann politische oder gesellschaftspolitische Konsequenzen ergeben. Ende der Gewalt gegen Frauen. Auch und gerade die bürgerlichen Frauen Ende des 19. Jahrhunderts waren sehr engagiert im Kampf gegen die Prostitution – et cetera et cetera. Warum, Frau von Braun, ist das in den letzten neunzig Jahren nicht erreicht worden?

Ch.v.B.
Ich glaube, es gibt ein Phänomen, das diesen europäischen Industriegesellschaften eignet, und das ist die Institution Ehe. In dieser »Institution Ehe« wird zwar immer die Betreuung der Kinder als Notwendigkeit dafür angeführt, Frauen an der Ausübung eines eigenen Berufes zu hindern. Aber wenn man genauer hinschaut, erkennt man, dass es weniger um die Kinder als vielmehr um die Männer, die Ehemänner, geht. Die Frau ist als Mutter des Mannes gedacht, als eine Art von Schutzfunktion für den Mann. Im Jahr 1897 hat der große französische Soziologe Émile Durkheim eine Untersuchung über den Suizid, über den Selbstmord veröffentlicht. Und er stellte fest, dass in den Ländern, wo die Scheidung zugelassen wurde, die Selbstmordrate von Frauen zurückging und jene von Männern zunahm. Und er zeigte das auch an einer Reihe von anderen Phänomenen wie Krankheit auf und beendete dieses Kapitel damit, dass er sagte: Wir müssen wohl davon ausgehen, dass die Institution Ehe nicht zum Schutz der Frau, sondern zum Schutz des Mannes da ist. Ich war frappiert, als ich das zum ersten Mal gelesen habe, wie da jemand gegen seinen eigenen Willen – das war kein Feminist, der Herr Durkheim – konstatieren musste, dass die bür-

gerliche Ehe, wie sie sich im 19. Jahrhundert herausgebildet hatte, tatsächlich eine Institution ist, die viel stärker zum Schutz des Mannes als zum Schutz der Frau dient. Ich glaube, das ist eine der Antworten darauf, weshalb sich so wenig bewegt hat. Wenn Frauen gleich viel verdienen, schafft das unglaublich viele Probleme in der Ehe, dann könnte auch einmal der Mann zu Hause bleiben, und diese Schutzfunktion geht verloren. All die anderen Faktoren, die Sie aufgezählt haben, lassen sich alle unter dieser Art von Prämisse sehen: Die Partnerschaft ist in erster Linie zum Schutz des Mannes da und in zweiter Linie erst zum Schutz der Frau.

R.S.
Ich habe bei den Recherchen zu unserem Gespräch ein Schweizer Plakat gegen das Frauenwahlrecht gefunden. Es stammt aus dem Jahr 1927. Man sieht ein Wohnzimmer – heilloses Durcheinander, soweit das Auge reicht, ein Kind liegt weinend auf dem Boden, der Tisch ist devastiert, die Fenster sind offen und zerbrochen, eine Katze liegt auf dem Kinderstuhl. Und darüber steht: »Die Mutter treibt Politik! Frauen Stimm- und Wahlrecht NEIN!«

Ch.v.B.
Das beschreibt ziemlich genau, was ich zu sagen versuche. Es heißt immer: Wir wollen die Mutter schützen und wir wollen unsere Kinder schützen. Aber je genauer Sie sich angucken, ob es wirklich um die Mutter des Kindes geht und nicht vielmehr um die Mutter des Mannes, desto mehr kommen Sie zu dem Schluss, dass dieser ganze Kampf um die Präsenz von Müttern in Deutschland und Österreich besonders stark ist aus Gründen, die – meiner Ansicht nach – mit dem Nationalsozialismus zusammenhängen. Nicht, weil der Nationalsozialismus die Mutterrolle so stark gemacht hat, sondern weil der Nationalsozialismus eigentlich sich selber als Mutter installiert hat, also den Mutter-Staat geschaffen hat. Und nach dem Nationalsozialismus gab es eine Flucht in die Familie zurück und auch in diese Rolle der Frau, die Familiengrenzen aufrechtzuerhalten. Meiner Ansicht nach kämpfen wir in Deutschland und vielleicht auch in Österreich noch sehr stark gegen diese Idealisierung der Kleinfamilie mit der Mutter als Beschützende eben nicht sosehr der Kinder, sondern des Mannes an, die wir als zweite Erbschaft des Nationalsozialismus aus den 1950er Jahren haben.

R.S.
Gut, dieses Plakat ist aus dem Jahr 1927 und aus der Schweiz, also da würde die Analyse Nationalsozialismus nicht greifen.

Ch.v.B.
Nein, nein – also diese Art von Familienkonstellation ist im 19. Jahrhundert entstanden. Mitte des 18. Jahrhunderts hat der französische Philosoph Jean-Jacques Rousseau die ersten Texte geschrieben, diese Idealisierung von Müttern. Und Rousseau sagt ganz deutlich, dass die Frau für den Mann dasein soll – und nicht etwa für die Kinder. Er selbst hat seine Kinder ins Waisenhaus gebracht und deren Mutter für sich behalten. Und in seinen Texten wie »Émile ou sur l'education« und anderen schreibt er sehr genau, dass die Frau eigentlich dafür da ist, eine Heimstatt für den Ehemann und den Mann überhaupt zu schaffen. Und das ist die Ideologie, die dann das ganze 19. Jahrhundert hindurch die bürgerliche Familie hervorbringt.

R.S.
Die Frage, wann und wie sich das ändern lassen wird, soll ich die auslassen?

Ch.v.B.
Wann und wie sich das ändern wird? Also es gibt ja einige Länder wie Frankreich, wo Frauen erheblich stärker berufstätig sind. Allein die Durchsetzung der Ganztagsschulen spielt da eine große Rolle. Und da tun sich Deutschland und Österreich – ich glaube, als letzte europäische Staaten – sehr schwer. In Frankreich und England ist das eine Selbstverständlichkeit. Eine der Grundvoraussetzungen für die Emanzipation von Frauen ist, dass Berufstätigkeit und Mutterschaft miteinander vereinbar sind. In Frankreich, wo ich lange gelebt habe, war es selbstverständlich, dass die Frauen berufstätig waren, obgleich sie Kinder hatten, und ihr Leben durchaus managen konnten. Aber deshalb sind doch die Kinder in England oder Frankreich nicht destabilisiert! Die sind doch nicht neurotischer, sie sind doch nicht schwieriger oder in psychologisch unberechenbareren Situationen als die Kinder in Deutschland und Österreich. Es gibt dort genauso viele kluge und nicht so kluge Kinder – Kinder, die sich behütet fühlen und nicht behütet fühlen. Ich glaube, die Vorstellung, dass die Ganztagsschule Kinder destabilisiert und neurotisch macht, ist in ganz vielen anderen europäischen Ländern längst widerlegt.

R.S.
Frau von Braun, in den 1960er, 1970er und 1980er Jahren haben sich Frauen in Europa eine ganze Menge Rechte erkämpft und das hat sich dann in der Folge auch in Gesetzen niedergeschlagen, also zum Beispiel Gleichbehandlungsgesetzen, Antidiskriminierungsgesetzen, Gesetzen gegen häusliche Gewalt – was ja lange ganz unvorstellbar war, dass der Ehemann zum Beispiel einer Vergewaltigung angeklagt werden könnte. Jetzt befinden wir uns – und nicht erst seit dem Börsenkrach – in einer wirtschaftlichen Rezession. Das trifft in erster Linie die Frauen, sehr oft, meistens sogar. Halten Sie es denn für möglich, dass die erworbenen und erkämpften Rechte von Frauen wieder rückgängig gemacht werden?

Ch.v.B.
Natürlich hat es auch in Deutschland sehr, sehr viele Quotenregelungen gegeben. Schweden und überhaupt die skandinavischen Länder haben ja ungeheuer viel erreicht, alleine durch Quotenregelungen. Durch Gesetze, die der Staat geschaffen hat, um diese Gleichstellung herbeizuführen. Ich kann mir nicht wirklich vorstellen, dass ein Rückgang hinter diese Gleichstellungsgesetze möglich ist, nur weil wir eine Rezession haben.

Wenn, dann kann ich mir das nur vorübergehend vorstellen. Einen wirklichen Rückgang hinter das, was von den Frauen der letzten zwei, drei Generationen errungen wurde, kann ich mir nicht wirklich vorstellen. Wenngleich ich doch manchmal an der Universität überrascht bin, wie selbstverständlich Studentinnen sich verhalten, wenn sie an der Universität ankommen. Da erleben sie zunächst einmal keine Benachteiligung. Die erleben sie erst, wenn sie ins Berufsleben gehen. Ich bin also überrascht, für wie selbstverständlich die Studentinnen das alles halten, diese Gleichstellung, und wie wenig sie bereit sind zu sagen: Wir müssen da ein waches Auge behalten, wir müssen weiter kämpfen, auch für Quotenregelung oder anderes mehr. Das ist schon manchmal überraschend, wie wenig ihnen bewusst ist, wie prekär solche Dinge auch sein können, gerade in der Wirtschafts- und Erwerbswelt. Manchmal sind sie doch überrascht, wie historisch kurz der Zeitraum ist, in dem diese ganzen Errungenschaften stattgefunden haben. Praktisch hundert Jahre, in denen sich ein enormer Wandel für Frauen vollzogen hat; es sind nicht einmal drei Generationen. Im Nationalsozialismus ist viel von dem zurückgedreht worden, aber es hat doch immerhin einer Diktatur bedurft, um das zurückzudrehen. Und das ist ja hoffentlich doch etwas, das sich die europäischen Staaten nicht mehr vorstellen können. Deshalb glaube ich: Es kann vielleicht einmal geringe Rückgänge geben, aber nicht wirklich grundlegend, dazu bedürfte es einer Diktatur.

R.S.
Zunehmend treffen – wie man das so schön sagt, auch wenn diese Begriffe vielleicht fragwürdig sind – Orient und Okzident auch hier in Europa aufeinander. Auch die Konfrontation dieser zwei Systeme, ganz besonders seit 9/11, also seit dem Anschlag auf das World Trade Center. Das Verhältnis zwischen den europäischen Gesellschaften und dem, was man Islam nennt, hat sich zunehmend verschlechtert oder auch radikalisiert. In der öffentlichen Debatte wird dieser Unterschied ganz gerne auch am Kopftuch festgemacht. Plötzlich wird die wie auch immer geartete Lebenswirklichkeit von Frauen zu einem Argument gegen ein anderes System gemacht. Sie haben 2007 gemeinsam mit Bettina Mathes im Berliner Aufbau Verlag ein Buch mit dem Titel »Verschleierte Wirklichkeit. Die Frau, der Islam und der Westen« vorgelegt und sich darin sehr differenziert mit den drei Religionen des Buches, also Islam,

Christentum und Judentum, auseinandergesetzt. Ihr Befund am Ende des Buches: Es ist alles viel komplizierter und viel differenzierter – und der Schleier hat eine lange kulturhistorische Geschichte, derer man sich auch bewusst werden, bewusst sein muss. Und man kommt dann, wenn man sich diese Kulturgeschichte vergegenwärtigt, unter anderem auch zu anderen Schlüssen als denen, die herkömmlicherweise in der Boulevardpresse hinausposaunt werden – mittlerweile auch schon im Feuilleton übrigens. Zu welchen Schlüssen kommt man, Frau von Braun?

Ch.v.B.
Was wir am Beispiel des Kopftuchs darzustellen versuchen, ist, dass der Schleier zunächst einmal in der Antike entstanden ist – als ein Statussymbol. Nur Frauen der höheren Schichten durften ihn tragen. Er taucht auch in der jüdischen Gemeinschaft auf. Und dann kommt Paulus, die christliche Kirche, und sagt: Die Frauen müssen sich im Gotteshaus den Kopf bedecken. Es ist das einzige Mal, dass in einer Religion ausdrücklich eine Kopfbedeckung für Frauen verlangt wird. Im Koran steht nichts davon. Und dann kommt der Islam. Im frühen Islam gab es dieses Kleidungsstück ebenfalls nur als ein Statussymbol. Was Mo-

hammed allerdings sehr ausdrücklich verlangt hat, ist, dass sowohl Männer als auch Frauen sich schamvoll kleiden und den eigenen Körper weder den Blicken freigeben noch die Blicke selber richten. Also der Blick selber sollte schambesetzt sein. Erst in den Hunderten von Jahren danach, als der politische Islam sich allmählich durchsetzte, wurde dieses Kleidungsstück zu einem, mit dem die Frauen auf die Straße gehen, in den öffentlichen Raum hinausgehen. Hijab heißt »Vorhang« und »Schleier« und bezeichnet zunächst einmal die Abtrennung der Frauengemächer im Haus von den öffentlichen Gemächern. Und der Schleier ist praktisch das, was von diesem Vorhang in den öffentlichen Raum hinausgetragen wird. Das heißt, er bekommt dann auch schon eine geschlechtliche und politische Bedeutung, die immer wieder an den Islam angebunden wird. Aber schon wenn Sie sehen, wie unterschiedlich eine Burka von diesem einfach nur leicht um den Kopf geworfenen Tuch einer Benazir Bhutto ist, dann sehen Sie schon, dass der Schleier auch innerhalb des Islam eine ungeheuer unterschiedliche Bedeutung hat. Oder sehen Sie sich die beiden Beispiele Iran und Türkei an: In dem einen Land werden die Frauen gezwungen, sich zu verschleiern, obwohl der Iran eine ganz lange säkulare Tradition hat, wo praktisch keine verschleierten Frauen mehr waren; in der Türkei werden Frauen aus den Universitäten relegiert, weil sie ein Kopftuch tragen – beides sind Länder mit islamischer Tradition.[3] Das heißt, Sie haben da einen sehr unterschiedlichen Umgang mit diesem Kleidungsstück. Und dann haben Sie natürlich auch die ganzen christlichen Traditionen. Der Schleier im Christentum bedeutet Jungfräulichkeit. Er bedeutet auch, eine Frau »unter die Haube« zu bekommen, also er ist ein Symbol für die verheiratete Frau. Also es gibt alle diese unterschiedlichen Bedeutungen. Man kann diesem Kleidungsstück nur gerecht werden, wenn man diese verschiedenen Bedeutungen nebeneinander sieht und sozusagen merkt, dass dem Kopftuch eine politische, religiöse, geschlechtliche und andere Bedeutung zugewiesen wird – je nach Kontext.

R.S.
Dann müsste die Frage vielleicht anders lauten: Was sagt die Debatte und der Diskurs über dieses Kopftuch über uns aus? Also über die westliche Gesellschaft?

---

3 Die Türkei ist seit der Verfassungsänderung durch Atatürk im Jahr 1924 ein laizistischer Staat.

Ch.v.B.
Das ist wirklich die Hauptfrage! Wenn man schaut, wie rasant schnell der weibliche Körper in den letzten hundert Jahren im westlichen Raum ent-kleidet wurde und wie diese Tatsache überhaupt nicht thematisiert wird, daran kann man schon erkennen, wie wenig Selbstreflexion mit dieser Kopftuchdebatte einhergeht. Es stimmt, dass einige junge Frauen von ihrer Familie gezwungen werden, gegen ihren Willen ein Kopftuch zu tragen. Aber es stimmt auch, dass viele Frauen – und zwar gerade Frauen, die sich auf den Weg in die Emanzipation begeben, die eine akademische Ausbildung haben, die Berufe ausüben – den Schleier freiwillig tragen. In Algerien – interessantes Beispiel – sind sechzig Prozent aller Richter Frauen. Verschleiert oder nicht verschleiert. Da können Sie in Europa lange suchen, bevor Sie einen so hohen Anteil von einem wichtigen öffentlichen Amt von Frauen besetzt finden. Das heißt: Wir unterstellen, dass Emanzipation eigentlich verhindert wird durch das Kopftuch und den Schleier, und fragen uns nicht: Warum wird eigentlich Emanzipation im westlichen Raum mit nacktem Körper gleichgesetzt? Warum gilt der entkleidete Körper als ein autonomer, als ein freier Körper? Und wird nicht diese Art von

symbolischer Zuordnung hinterfragt? In unserem Buch »Verschleierte Wirklichkeit« haben wir ebendiese Geschichte der Ent-Blößung in der westlichen Gesellschaft erzählt und darzustellen versucht, wie stark diese Entblößung mit der Entwicklung der technischen Sehgeräte einhergeht.

R.S.
Sie beschreiben und erinnern in Ihrem Buch sehr schön an den Bikini. Der Bikini wurde 1946 zum ersten Mal präsentiert[4], einige Tage, nachdem die US Army auf dem Bikini-Atoll in der Südsee die ersten Atombombenversuche durchgeführt hatte. Und Sie weisen darauf hin, dass die Präsentation des Bikinis mindestens genauso eine Sprengkraft gehabt hätte oder genauso eingeschlagen hätte wie die Atombombe selbst. Das fand ich sehr interessant. 1962 begann dann mit Ursula Andress in »James Bond – 007 jagt Dr. No« der Siegeszug des Bikinis.

Ch.v.B.
Genau. Das ist interessant. Ich erwähnte gerade die technischen Sehgeräte, die ihre Macht über die Natur, über Wissenschaft, über Technik und

---

4   Im Pariser Bad Piscine Molitor.

so weiter immer am weiblichen Körper demonstrieren. Der weibliche Körper wird mit diesem bewaffneten Auge penetriert – egal, ob es sich wirklich um die weibliche Anatomie handelt oder um die Natur, symbolisch dargestellt als weiblicher Körper, in die die Wissenschaft mit ihren technischen Sehgeräten eindringt. Die eigentliche Entkleidung des individuellen weiblichen Körpers beginnt mit dem Siegeszug der Fotografie ab 1870/75, als die Fotografie Allgemeingut wurde. Von diesem Moment an können Sie sehr genau sehen, dass der weibliche Körper zunehmend entkleidet und sozusagen zu einem Vorzeigeobjekt dieser Macht des bewaffneten Sehens wird. Und ich denke, da könnte man tatsächlich diesen ganzen Emanzipationsprozess als Nacktheit noch einmal sehr in Frage stellen und sich fragen, ob nicht vielmehr der entkleidete weibliche Körper eigentlich den Siegeszug des bewaffneten Auges demonstrieren soll. Und nicht durch Zufall können wir auch konstatieren, dass zeitgleich mit dieser Verbreitung der Fotografie, zeitgleich mit dem Beginn der allmählichen Entkleidung des weiblichen Körpers die ersten Studien über eine neue Form von Krankheit auftauchten, die man fast ausschließlich bei Frauen findet: nämlich die Anorexie, die Essstörung von Frauen. Wenn Sie das jetzt einmal aus dem üblichen Modekontext herausnehmen und nur fragen: »Was wollen diese Frauen?«, so können Sie sagen: Es gibt so etwas wie einen Entzug ihres Fleisches vor diesem bewaffneten, penetrierenden, sich ihres Körpers bemächtigenden Blick. Und die weiblichen Essstörungen haben ja seitdem in den westlichen Ländern ungeheuer zugenommen – in demselben Maß, in dem Fotografie, Film und so weiter unsere Art des Sehens und dann auch den entkleideten weiblichen Körper im öffentlichen Raum begleitet haben.

R.S.
Verstehe ich jetzt richtig, Frau von Braun, dass Sie sagen würden: Die Debatte um das Kopftuch einerseits und die nicht stattfindende Debatte um die Nacktheit des weiblichen Körpers andererseits gehören unmittelbar zusammen und bedingen einander?

Ch.v.B.
Ich glaube, dass die Debatte um das Kopftuch tatsächlich viel mit 9/11 zu tun hat und mit der Art, den Islam zu sehen, und damit, plötzlich eine Angst vor dem Islam zu haben. Das ist absurd: Jedes Mal, wenn irgendein Artikel über Terrorismus

erscheint, erscheint auf den Zeitungsseiten sofort eine verschleierte Frau im Foto daneben. Das eine hat nichts mit dem anderen zu tun. Es sind zwei verschiedene Faktoren. Der fundamentalistische Islam ist ein politischer Islam. Er hat auch wenig mit der Religion zu tun. Er ist fundamentalistisch und in diesem Kontext auch terroristisch geworden – und vor dem haben wir zu Recht Angst, vor dieser Art des Terrorismus. Aber das hat nichts mit dem Kopftuch zu tun. Das sind zwei vollkommen getrennte Faktoren, die nun aber in einen Topf geworfen werden. Es gilt zunächst einmal diese beiden Faktoren zu trennen, aber gleichzeitig sich auch zu fragen: Warum wird eigentlich diese Entkleidung des weiblichen Körpers nicht thematisiert? Warum findet nicht auch eine Selbstreflexion darüber statt, was mit dem weiblichen Körper im westlichen Raum geschehen ist?

R.S.
Ich gehe jetzt einen Schritt weiter, nämlich zu Ihrer eigenen Familiengeschichte. Da haben Frauen auch eine Rolle gespielt. Die war Ihnen selbst nur lange nicht bewusst. Sie kommen aus einer Familie, die unter anderem auch deshalb in Deutschland oder auch in Österreich, in Europa bekannt und prominent ist, weil Sie einen sehr bekannten

Onkel hatten, nämlich Wernher von Braun, der als Raketenforscher unter dem NS-Regime diente und dann NASA-Spezialist für unter anderem auch das Apollo-Programm war, also für die Mond-Bereisung der NASA. Sie haben 2007 ein Buch geschrieben, das heißt interessanterweise – und ich finde das auch einen sehr schönen Titel – »Stille Post«. Untertitel: »Eine andere Familiengeschichte«. Das inkludiert ja auch schon die kritische Auseinandersetzung mit dieser berühmten Familiengeschichte, der Sie wahrscheinlich Ihr Leben lang nicht entkommen sind, nehme ich jetzt einmal an, wenn ich sehe, wie Sie mich gerade anlächeln. Und da beschäftigen Sie sich mit den Frauen in Ihrer Familie. Im Grund schreiben Sie – indem Sie über das Leben dieser Frauen schreiben – eine Art deutscher Geschichte von 1880 bis heute. Warum waren Ihnen diese Frauen so wichtig? Warum haben Sie das für sich selber, aber auch für eine Öffentlichkeit aufgeschrieben? Es muss darin ja auch eine Geschichte enthalten sein, die öffentlich interessant ist.

Ch.v.B.
Ich habe die Frauen meiner Familie thematisiert, weil ich – als ich schon erwachsen und längst berufstätig war – gemerkt habe, wie viel vermutlich

von dem, was diese Frauen geleistet hatten oder was sie mir als Erbschaft mitgegeben hatten, tatsächlich meine eigene Arbeit beeinflusst hat. Von meiner Großmutter mütterlicherseits wusste ich nur, dass sie 1944 von der Gestapo verhaftet wurde und im Gefängnis starb, dass sie sich einer Widerstandsgruppe angeschlossen hatte. Aber viel mehr wusste ich nicht. Meine Mutter hielt da ein ziemliches Schweigen darüber und es wurde lange nicht so thematisiert wie die Männer meiner Familie – also der Onkel oder auch der Großvater, der im Kaiserreich eine Rolle spielte und in der Weimarer Republik. Diese Frauen wurden gar nicht thematisiert. Und dennoch ist offenbar sehr viel von meiner Mutter, aber auch von dieser Großmutter bei mir angekommen und hat das beeinflusst, was mich interessierte und was meine Arbeit beeinflusst hat. Zwei Beispiele: Ich habe mich schon ganz früh für Geschlechterfragen, für die feministische Bewegung interessiert. Als ich dann anfing, über diese Großmutter zu recherchieren, fand ich heraus, dass sie zu den ersten Frauen der frühen Frauenbewegung in der Weimarer Republik gehörte. Das waren die ersten Frauen, die aktiv und passiv das Wahlrecht hatten. Ich fand heraus, dass sie politisch engagiert war, dass sie als »selfmade woman« mit zwei kleinen Kindern, im Krieg verwitwet, einen Verlag aufbaute, eine Konsumentenberatung aufbaute, eine sehr erfolgreiche, gut verdienende Frau war, die interessante Texte schrieb – Texte aus diesem Bereich der Haushaltstechnik und so weiter. Und das immer mit der Überzeugung: Wir müssen den Frauen helfen, ihr Leben selbst zu regulieren. Und was ich bei den Recherchen überhaupt erst verstanden habe, was mir da vollkommen neu war, war ihre jüdische Herkunft. Ich hatte mich seit Jahren und Jahren mit der Geschichte des Judentums, mit der Geschichte des Antisemitismus beschäftigt und habe erst über den Onkel, der nach Australien emigriert ist, viel über diese Großmutter und ihre jüdische Herkunft erfahren, die meine Mutter uns verschwiegen hatte. Und da hatte ich dann eben doch gemerkt, wie stark offenbar unbewusst Strömungen, Erbschaften innerhalb von Generationenketten, innerhalb von Familien weitergegeben werden. Deshalb heißt das Buch »Stille Post«. Das ist sozusagen das, was unbewusst – über Körpersprache, über Geheimnisse, über die blinden Flecken, um die herum sich aber viele Fragen ranken – innerhalb der Familie weitergegeben wurde. Deshalb ist dieses Buch entstanden: um diese Art von Genealogie zu beschreiben.

R.S.
»Stille Post« assoziiert ja ein Spiel, ein Kinderspiel: Ich flüstere dir etwas ins Ohr, und bis dieses Geflüsterte dann am Ende der Kette ankommt, ist daraus etwas völlig anderes geworden. Das ist auch das, was Ihnen im deutschen Feuilleton vorgeworfen wurde: dass der Titel etwas missverständlich sei.

Ch.v.B.
Ich habe auch an dieses Kinderspiel gedacht. Denn natürlich werden nicht Fakten, Fakten, Fakten in dieser Art von Flüsterkette weitergegeben. Aber es werden unterschwellige Erfahrungen weitergegeben. Das, was Frauen in der Geschichte erleben, wie Frauen Geschichte erleben, wird immer an den Rand geschoben, diese Erfahrungen werden üblicherweise als Kollateralschäden von Kriegen, Diktaturen und so weiter betrachtet. Aber bei der »Stillen Post«, die die Frauen in meiner Familie betrieben haben, ist dann am Ende doch etwas angekommen, das Einfluss gehabt hat auf meine Art zu denken, auf meine Art zu arbeiten, auf meine eigenen Filme und Bücher, die ich geschrieben habe, und auf diese Art, die Frauen-Kette einfach noch einmal als Teil eines historischen Gedächtnisses mitzudenken. Das war mein Anliegen.

R.S.
Die Großmutter mütterlicherseits hieß Hildegard Margis, sie war jüdisch – Sie haben es gerade erwähnt. Was hat das denn für Sie verändert, als Sie das festgestellt haben? Folgt man dem jüdischen Gesetz, der Halacha, so sind Sie selbst Jüdin, weil ihre Mutter als Tochter einer Jüdin auch Jüdin war. Gleichzeitig wurden Sie aber in Ihrer Von-Braun-Familie protestantisch sozialisiert und heute sind Sie zum Beispiel im Vorstand des Deutschen Evangelischen Kirchentages.

Ch.v.B.
Wäre ich zwanzig gewesen, als ich das erfahren habe, hätte es vielleicht dazu geführt, dass ich mich viel stärker zur jüdischen Gemeinde hingezogen gefühlt, mir eventuell sogar eine jüdische Identität zugelegt hätte. Aber ich war über vierzig – das heißt, ich hatte schon sehr stark historisch reflektiert. Auch über die Art, wie Deutschland umgegangen ist mit solchen Erbschaften wie jüdischen Großmüttern. Also das war etwas, das ich eigentlich dann nur noch als eine Erbschaft nehmen konnte, die mich vielleicht intellektuell beeinflusst hat, aber die ich mir nicht als Identität anziehen musste oder als ein Konstrukt überlegen musste. So wie ich natürlich auch gleichzeitig der

christlichen Erbschaft gegenüber eine sehr reflektierte Einstellung habe und immer wieder auch analytisch mit diesen christlichen Erbschaften umgehe und sie nicht etwa als selbstverständlich hinnehme, sondern gerade versuche, die historischen Linien christlicher Erbschaften in unserem Frausein, in unserem Liebesleben, in Arbeitsbeziehungen und vielen anderen darzustellen. So konnte ich – auch weil ich schon ein gewisses Alter erreicht hatte – relativ reflektiert damit umgehen.

R.S.
Es ist ja schon interessant, dass Ihr Onkel, Wernher von Braun, der Bruder Ihres Vaters, dass dieser Onkel also, der 1938 der NSDAP und 1940 der SS beitrat, für das Nazi-Regime arbeiten konnte, während die Frau seines Bruders eine Jüdin war. Gab es da familienintern Diskurse darüber mit dem Onkel, auch später? Er starb ja erst 1977.

Ch.v.B.
Das ist natürlich das Interessante an dieser Familiengeschichte, denn sie erzählt auch über die Heterogenität innerhalb deutscher Familien: meine Großmutter in einer Widerstandsgruppe, mein Onkel durch das Raketenprogramm ein heftiger

Mitarbeiter der Nazis. Und mein Großvater väterlicherseits, also der Vater von Wernher und meinem Vater, war kein überzeugter Nazi, aber er war überzeugt von diesem Raketenprogramm. Und dass Deutschland dank der »Wunderwaffe« den Sieg erringen würde. Und das hat zu heftigen Auseinandersetzungen zwischen ihm und meiner Großmutter mütterlicherseits geführt. Also von denen weiß ich aus einer Reihe von Berichten, dass die sich heftig gestritten haben – so sehr, dass meine Großmutter, wenn meine Großeltern väterlicherseits zu Besuch kamen, es immer so organisiert hat, dass sie nicht zu Hause war und ihnen von der Haushälterin ein Tee serviert wurde. Nach dem Krieg ist das erstaunlich wenig thematisiert worden. Mein Vater war als deutscher Diplomat nach Addis Abeba strafversetzt worden. Meine Mutter war nachgereist, sie heirateten dort und lebten dort von 1940 bis 1942 in einem Gefangenenlager. Als er dann wieder nach Deutschland zurückkam, nach einem Austausch, wurde er nach Italien versetzt und war wieder im Ausland. Mein Vater war kein Widerstandskämpfer, aber er war im Ausland, fast die gesamte NS-Zeit, erst in Amerika, später in Paris und anderswo. Und insofern hatte er eine gewisse innere Distanz zum Nationalsozialismus. Aber doch nicht so, dass er dann nach dem Krieg in heftige Auseinandersetzungen mit meinem Onkel Wernher geraten wäre. Ich glaube, die beiden haben untereinander dieses Thema einfach nicht behandelt. Wie es in meiner Familie überhaupt nicht so stark behandelt wurde, dass Wernher nun so aktiv an dem V1-/V2-Programm beteiligt war, durch das Tausende Menschen zu Tode kamen. Über die Existenz von Dora-Mittelbau, dem KZ, das für die Produktion der V2-Raketen eingerichtet wurde und in dem 20.000 Menschen starben, wurde auch nicht geredet. Das sind Sachen, die ich erst während meines Studiums erfahren habe, also nicht innerhalb der Familiengeschichte.

R.S.
Das ist eigentlich irgendwie ein Dilemma, in dem Sie sich befinden, nicht? Also eine Traurigkeit über die Mitschuld eines Familienmitglieds und das Wissen um die jüdische Herkunft, die nach jüdischen Gesetzen sogar Sie selbst jüdisch macht.

Ch.v.B.
Natürlich ist das eine Form von Zerrissenheit. Weil ich diese beiden Erbschaften nun einmal in die Wiege gelegt bekommen habe. Es hätte gar keinen Zweck, sich davor zu drücken. Nein, ich

muss mit diesen beiden Erbschaften leben und das Buch »Stille Post« ist sicher eines der Produkte dieses Lebens mit den beiden Erbschaften. Aber viele meiner Bücher und Filme haben damit zu tun, mich mit der nationalsozialistischen Erbschaft auseinanderzusetzen und zu fragen, wo es in der Zukunft hingehen kann.

R.S.
Ich hatte eine Frage vorbereitet, die sollte heißen: Frau von Braun, Sie sind Kulturwissenschafterin, sie haben Gender Studies an der Humboldt-Universität mitbegründet, Sie sind Buchautorin, Filmemacherin (über fünfzig Filme haben Sie gemacht), im Präsidium des Goethe-Instituts, im Präsidium des Deutschen Kirchentages – was ist der Fokus Ihrer Arbeit und woher nehmen Sie das alles? Und ich muss sagen, dass das, was Sie jetzt erzählt haben, diese Frage eigentlich schon beantwortet hat.

Ch.v.B.
Genau. Sicher ist meine Zerrissenheit einer der Motoren, die immer wieder meinen Kopf anspringen lassen, ob ich das nun möchte oder nicht. Diese Zerrissenheit ruft immer wieder eine Energie hervor, die mich antreibt, eine bestimmte

Frage für mich zu lösen. Und das ist natürlich auch die Freude an solchen Arbeiten, wenn man plötzlich wieder eine Antwort gefunden hat auf etwas, worüber man sich Fragen stellte.

R.S.
Frau von Braun, ich danke Ihnen für das Gespräch.

Renata Schmidtkunz, geboren 1964, studierte evangelische Theologie und Publizistik, ehe sie 1990 zum ORF (Fernsehen und Hörfunk) kam. Dort arbeitet sie als Filmemacherin, Redakteurin und Moderatorin. Auf Ö1 moderiert sie seit 1999 »Im Gespräch« und im Fernsehen seit 2008 »Club 2«.

Renata Schmidtkunz
Im Gespräch | Peter Ustinov
Im Gespräch mit Renata Schmidtkunz lässt Peter Ustinov auf sehr unterhaltsame und berührende Weise sein vielfältiges Künstlerleben Revue passieren. Er spricht über seine Herkunftsfamilie, über die Verantwortung des weltberühmten Künstlers und über sein Engagement als Unterstützer von Menschenrechtsorganisationen.

60 S., GEBUNDEN, EURO 15,00
ISBN 978-3-85476-283-6

Hilde Schmölzer
Das böse Wien der Sechziger
Gespräche und Fotos
Es war eine revolutionäre Kunst, eine wütende Kunst, die sich aus den Frustrationen der 1950er Jahre speiste. Ein zorniger Rundumschlag, der sich gegen alles Etablierte, Bürgerliche, Satte richtete. In Wien fand dieser Aufbruch vor allem in der Kunst statt. Die Gespräche, die Hilde Schmölzer damals führte, und ihre Fotos stammen aus den Jahren 1964 bis 1972.

224 S., GEBUNDEN, EURO 29,90
ISBN 978-3-85476-285-0

Julia Kospach
Letzte Dinge –
Ilse Aichinger und Friederike Mayröcker:
Zwei Gespräche über den Tod
Mit Assemblagen von Daniel Spoerri
Die intensive Beschäftigung mit dem Thema Tod ist beiden Dichterinnen gemeinsam – allerdings könnten ihre Haltungen dazu nicht unterschiedlicher sein. Für Friederike Mayröcker ist der Tod ein »Zerbrecher und Zerstörer«, für Ilse Aichinger ist es der Zustand, den sie sich ersehnt, weil sie ihre »Existenz für vollkommen unnötig« hält.
56 S., JAPANISCHE BINDUNG, EURO 19,90
ISBN 978-3-85476-280-5

Renata Schmidtkunz
Im Gespräch | Ruth Klüger
Im Gespräch mit Renata Schmidtkunz erzählt Ruth Klüger von ihrer Kindheit im judenkinderfeindlichen Wien der 1930er Jahre und von ihren Jahren in den Konzentrationslagern. Und warum sie in die USA und nicht nach Israel emigriert ist.
Klüger macht unpathetisch deutlich, wie sich ihre Kindheitserfahrungen in ihrem heutigen Leben auswirken und warum ihre Liebe zur deutschen Sprache nie gebrochen werden konnte.
64 S., GEBUNDEN, EURO 15,00
ISBN 978-3-85476-284-3

Renata Schmidtkunz
Im Gespräch | Uri Avnery
Seit über 60 Jahren widmet Uri Avnery einer friedlichen und respektvollen Koexistenz von Israelis und Palästinensern in zwei souveränen Staaten all seine Energie. Für sein Engagement zahlte Avnery immer wieder einen hohen Preis. Obwohl in den Anfangsjahren des Staates Israel vom linken Establishment noch geschätzt, avancierte Avnery schnell zum »Staatsfeind Nr. 1«: Die Redaktionsräume seiner Wochenzeitung wurden mehrfach angegriffen und verwüstet, Avnery selbst immer wieder Zielscheibe von gewalttätigen Attentaten.
Avnerys Forderung nach einem »Israel ohne Zionismus« wird ihm in Israel bis heute nicht verziehen.
Aus Anlass seines 85sten Geburtstages sprach Renata Schmidtkunz für die ORF-Sendung »Im Gespräch« mit Uri Avnery.
64 S., Gebunden, Euro 15,00 ISBN 978-3-85476-303-1